Dupontès.
... d'enseigner
langue latine.
1818.

X

QUELQUES IDÉES

SUR LA MANIÈRE

D'ENSEIGNER ET D'APPRENDRE

LES

ÉLÉMENS DE LA LANGUE LATINE,

D'après les méthodes réunies et modifiées de Dumarsais, et des Universités anciennes et modernes ;

Pour servir d'introduction, tant au *Cours de latinité élémentaire* qu'à celui *d'analyse française*,

Par CHEMIN-DUPONTÈS,

Ancien maître de pension, Professeur de langues anciennes, Française et Italienne, de Géographie, d'Uranographie, etc.

A PARIS,

ÉDITEUR, rue des Pélerins-Saint-Jacques, N.° 5, emplacement du cloître Saint-Jacques-l'Hôpital, près de la rue Mauconseil.

1818.

De l'Imprimerie de C.-F. PATRIS, rue de la Colombe, quai de la Cité, n° 4.

QUELQUES IDÉES

Sur la manière d'enseigner et d'apprendre les Élémens de la langue latine,

D'après les méthodes réunies et modifiées de Dumarsais, et des Universités anciennes et modernes;

Pour servir d'introduction, tant au *Cours de latinité élémentaire* qu'à celui *d'analyse française.*

———

Le mode que suivent les établissemens publics dans l'enseignement du latin, est fort bon pour les hautes classes; il est très vicieux pour les élémens. En vain, sous le régime des anciennes universités, Vanière, Dumarsais, Luneau de Boisgermain, Radonvilliers, et beaucoup d'hommes de mérite, ont élevé les plus fortes réclamations contre les vieilles routines des colléges. Les corporations, par orgueil et par paresse, ne cèdent pas à l'influence des particuliers : on a continué, et l'on continue encore de tourmenter les enfans par une méthode longue, rebutante, et bien capable d'inspirer aux trois quarts, comme elle l'inspire en effet, le dégoût de l'étude, et particulièrement de la langue latine.

Il y a deux vices essentiels dans le premier enseignement de cette langue. Le premier, c'est qu'on met les jeunes élèves au latin avant qu'ils sachent assez bien le français ; le second, c'est qu'on les oblige à un travail trop difficile pour les commencemens.

1°. *Ils ne savent pas assez bien le français avant d'être livrés à l'étude du latin.* Il est évident pour toutes les personnes qui ont quelque expérience dans cette partie, qu'on apprend très facilement une langue quand on en sait une autre *par principes*. Si chaque langue a ses idiotismes, toutes ont aussi des principes généraux qui leur sont communs, Avant d'appliquer un élève à une langue qu'il ne sait pas, il faudrait donc qu'il connût bien le mécanisme d'une phrase ; et ce mécanisme, c'est dans sa langue maternelle qu'il l'apprendra le plus vite, le plus aisément et le mieux. On croit pouvoir mettre des enfans au latin quand ils ont appris par routine quelques pages de grammaire française. Mais sait-on sa langue pour avoir appris une grammaire par cœur ? Il faut être *rompu sur l'analyse* grammaticale et logique. On peut sans doute, faire apprendre aux élèves les noms et les verbes latins, sans qu'ils sachent bien leur langue française, parce qu'il n'y a là qu'un exercice mécanique pour la mémoire ; et je suis loin d'adopter à cet égard la bizarrerie, bien inconcevable dans un grammairien du mérite de Dumarsais, qui veut qu'on mette les élèves à la traduction sans qu'ils sachent les déclinaisons et les conjugaisons latines. Mais n'est-ce pas un renversement complet de toutes les idées, de faire traduire du latin en français, et du français en latin, à un enfant qui ne se doute pas du rapport des mots entr'eux ? S'il connaît ces rapports, il n'aura presque pas besoin de l'ennuyeux rudiment ; et tout l'échafaudage de la syntaxe latine sera pour lui à peu près inutile, ou du moins très simple. Il ne faudra que l'avertir que le sujet se met au nominatif, le régime direct à l'accusatif, le régime indirect au datif ou à l'ablatif, suivant l'espèce de ce régime, le régime d'un nom au génitif, le régime d'une préposition au cas indiqué par les dictionnaires, etc. Mais où en sera-t-il, s'il ne sait pas distinguer ces rapports divers avec autant de netteté que de facilité ? Il fera pendant plusieurs années, comme il arrive, du latin rempli de solécismes et de barbarismes, par routine, et sans plus raisonner que le manœuvre qui gâche son plâtre ; il prendra la funeste habitude de travailler sans savoir ce qu'il fait, d'aller en avant, d'écrire des mots, et toujours des mots, sans liaison, sans bon sens ; il ne mettra aucun intérêt à un ouvrage auquel il n'entendra rien ; il ne fera son devoir que parce qu'on l'exige de lui ; il prendra le travail et l'étude en dégoût, et sera peut-être un sujet perdu pour la société, tandis que mieux dirigé dans ses premières études, il aurait pu devenir un citoyen précieux.

Cette théorie est si conforme au bon sens le plus ordinaire, qu'elle n'a pas besoin d'être développée. Elle est malheureusement l'histoire de beaucoup d'écoliers. J'ai à cet égard une double expérience bien positive. Ayant tenu pendant dix ans une classe latine et française, j'ai eu des jeunes gens qui sont entrés chez moi, se croyant en quatrième, ou même plus avancés. Mais comme ils savaient très peu d'analyse française, ils ne travaillaient au latin que fort mal et avec beaucoup de difficultés. J'ai suspendu presque tout travail sur le latin, pour les appliquer à l'analyse française, tant du premier que du second degré. Quand ils y ont été habiles, ils ont repris le latin avec un rapide succès. D'autres ne m'avaient d'abord été confiés que pour la langue française. S'en occupant exclusivement, ils étaient devenus forts sur l'analyse. Leurs parens les voyant instruits, se décidèrent à leur faire apprendre le latin. Ils avancèrent d'une manière qui m'étonna moi-même. Comme ils connaissaient bien le mécanisme de leur langue, ils en appliquaient facilement les principes à la langue latine ; et le rudiment, dont l'étude est un supplice pour les autres, ne fut qu'un jeu pour eux. Ils n'avaient besoin que de lire la règle, pour l'appliquer.

Ces faits prouvent qu'on ne doit pas craindre de retarder les progrès des élèves dans le latin, en les appliquant à la langue française. Outre que cette dernière est la plus essentielle, ils regagneront bien avantageusement, sous le rapport même des progrès dans le latin, le temps qu'ils auront employé à l'étude du français. Je suis tellement persuadé de cette vérité , que je regarderais comme un grand bienfait pour l'éducation, l'établissement dans les colléges, d'une chaire d'analyse française , dont le professeur, faisant deux classes par jour, consacrerait l'une à l'analyse française du premier degré, et l'autre à celle du second. Comme les élèves qui fréquenteraient cette seconde classe, seraient déjà au latin, il pourrait en même temps les occuper chaque jour d'analyse latine. Tous les bons esprits savent que c'est seulement à force d'analyse qu'on peut donner une instruction solide. Les professeurs ont trop d'occupations dans leurs classes pour se livrer à celle-ci autant qu'il le faudrait. C'est seulement par une classe spécialement consacrée à cet objet, qu'on y donnera tous les soins que son importance exige.

2°. *On oblige les latinistes à un travail trop difficile pour les commencemens.*

On veut que les élèves traduisent ou préparent leurs auteurs sans secours : méthode excellente pour les élèves un peu avancés, mais très mauvaise pour les commencans ; méthode bien capable de les rebuter, comme en effet elle en rebute un grand nombre. Au lieu de les avancer, elle retarde beaucoup leurs progrès, parce que la plupart sont encore enfans quand ils commencent l'étude du latin, et qu'à cet âge, on n'est pas susceptible d'un travail difficile et soutenu. Aussi voit-on qu'en général, ils n'entendent un peu de latin qu'après plusieurs années, et à force de répétitions. Cette méthode ne convient pas davantage à ceux qui commencent plus tard leurs études latines. Ils sont bientôt fatigués par la nécessité de chercher la signification de tous les mots, leur construction, etc., et ils renoncent à cette langue, s'ils en sont les maîtres. Pourquoi ne pas appliquer à la langue latine ce que l'on fait

pour les langues étrangères ? n'apprend-on pas
ces langues beaucoup plus vîte, en les enten-
dant parler et en les parlant, qu'en se servant
de dictionnaires ? Or les traductions *littérales*
remplacent, autant qu'il est possible , le lan-
gage vivant. Par elles, on apprend rapidement,
sans des efforts pénibles, et sans ces aberra-
tions dangereuses qui accoutument à écrire des
choses dénuées de sens , la vraie signification
des mots, la nature de leurs rapports entr'eux ;
on apprend à ranger ces mots dans l'ordre de
la construction , à saisir les relations de la langue que l'on sait avec celle que l'on étudie ;
on se familiarise avec les formes des cas, des
temps, etc., et l'on se met en état de traduire
de soi-même, de se servir du dictionnaire avec
fruit, et sans dégoût, parce qu'on n'est pas
obligé d'y recourir aussi souvent. La recherche dans les dictionnaires est fort utile; et
s'il faut d'abord éviter de rebuter l'élève, en
l'obligeant d'y chercher tous les mots, il est
essentiel qu'à mesure qu'il avance, il s'accoutume à faire usage des dictionnaires, et des
dictionnaires complets. Sauf le petit vocabu-
laireque Lhomond a mis à la fin de *l'Epitome,*
et qu'il a dû mettre, parce que c'est le premier auteur que voit le commençant, je re-
garde tous les vocabulaires abrégés; latins ou

français, comme un très mauvais service rendu à la jeunesse. Aussi n'en ai-je ajouté ni à mes traductions ni à mes thêmes, et Lhomond s'est bien gardé d'en ajouter au *de viris*.

La supériorité de la méthode des traductions littérales est tellement reconnue, qu'elle a été adoptée par les anciennes universités et par la nouvelle, pour les élémens du grec, et par tous les grammairiens et professeurs, pour les langues étrangères. En effet on enseigne le grec dans les colléges, en donnant d'abord aux élèves les *Fables d'Esope*, les *Dialogues de Lucien*, etc., avec une traduction littérale, et une analyse grammaticale toute faite, dans laquelle les explications diminuent graduellement. Les grammaires Anglaises, Italiennes, Allemandes, Espagnoles, Portugaises, etc., etc., contiennent des phrases, des dialogues, des récits, avec la traduction interlinéaire ou en regard. On a senti partout la nécessité d'aider le commençant; on a senti qu'il y a plus d'avantage pour lui à étudier, sans être exposé à faire des contre-sens, vingt phrases en une heure, qu'à en traduire dans le même temps une ou deux, souvent mal et avec beaucoup de peine et d'ennui. Par quelle inconcevable contradiction les professeurs des colléges n'adoptent-ils pas pour le premier enseignement du latin , la méthode qu'ils suivent eux-mêmes depuis un temps immémorial, pour le premier enseignement du grec, la méthode que les grammairiens du monde entier suivent pour toutes les langues mortes et vivantes ? inconséquence d'autant plus blâmable, qu'il est encore plus nécessaire d'appliquer cette méthode à l'étude du latin qu'à celle du grec, parce que l'on commence l'étude de la première langue beaucoup plutôt que celle de la seconde, et que plus les élèves sont jeunes, plus ils ont besoin d'être aidés. Condillac a enseigné les élémens du latin à son illustre élève par la méthode de Dumarsais ; Locke conseille les traductions littérales; l'ancienne Université elle-même a fort bien accueilli la traduction avec le latin , des Fables de Phèdre, par Bourgeois.

D'après tous ces faits, il me semble que toute discussion ultérieure sur l'utilité de la méthode des traductions littérales , serait superflue. Je me contenterai d'indiquer la marche que j'ai suivie dans mon *Cours de latinité élémentaire.*

J'ai traduit très littéralement quatre auteurs latins, savoir l'*Epitome historiæ sacræ*, l'*Appendix de Diis*, *de Viris* et *Phèdre.* Quand la traduction littérale est trop peu française , j'ajoute le bon français entre parenthèses ; je fais de même pour les mots que l'on est obligé d'ajouter en français, et qui ne sont pas en latin. J'ai mis sur les différentes locutions latines, des *notes*, d'abord fort simples et en petit nombre, et qui se multiplient graduellement, avec des numéro qui renvoient fréquemment à ces notes, de manière que l'élève, en écrivant chaque mot latin avec le mot français correspondant, copie ces notes chaque fois que l'indication en revient, et en rend compte lorsqu'il explique. Il arrive ainsi à la fin de ses quatre auteurs, sachant bien, non pas seulement par mémoire, mais pour les avoir fréquemment appliquées, toutes les règles du rudiment, et les idiotismes qui reviennent le plus souvent dans la langue. Il fait son devoir avec deux livres devant lui, le texte latin, et la traduction separée. On exige de lui rigoureusement, qu'il écrive le latin et le français bien mot à mot, qu'il applique chaque mot latin à chaque mot français qui en est la traduction; et comme les mots latins sont souvent dans un autre ordre que les mots français, il faut qu'il cherche quel est le mot latin répondant au mot français qu'il a dans son livre. Cela l'oblige à un petit travail, suffisant pour occuper son esprit et le faire réfléchir, mais qui n'est point assez pénible pour le fatiguer et le rebuter; et

c'est un grand avantage que la traduction sé-
parée a sur la traduction interlinéaire, qui
n'exigeant aucune recherche, rend l'élève paresseux. Un écolier laborieux et intelligent
peut ainsi faire beaucoup d'ouvrage par jour ;
il peut transcrire, étudier et repasser ses quatre auteurs dans une année. Cette marche serait trop rapide pour le très jeune élève, dont
l'intelligence n'est pas développée. On est souvent obligé de lui faire recommencer des parties qu'il a déjà vues, particulièrement dans le
premier auteur ; mais il avancera plus vite, et
ne se rebutera pas comme par l'ancienne méthode. C'est le cas d'appliquer ici ce que dit
Dumarsais : *les grands maîtres en éducation
ont toujours conseillé de faire beaucoup écrire.*
Cette habitude rentre aussi dans le système de
routine par lequel il propose avec raison de
commencer, d'accord à cet égard, avec Locke,
qui dit que la routine doit précéder les règles.
C'est en effet par les doigts, comme une longue expérience me l'a démontré, que la science
entre dans la tête, particulièrement des enfans.
Mais ce n'est pas assez d'écrire : il faut que
l'élève explique, et cela sur le texte latin seul,
et sans avoir la traduction devant lui. S'il s'en
tire bien, il n'y a plus à argumenter sur les
avantages ou les inconvéniens de la traduction

2

qu'on lui a donnée pour l'aider. C'est une *preuve de fait* qu'il s'en est servi avec fruit, puisqu'il n'en a plus besoin pour rendre son auteur en français. S'il n'explique pas bien, qu'on l'oblige d'étudier de nouveau avec la traduction, d'écrire encore s'il est nécessaire. Un avantage incalculable de ce secours, c'est qu'on peut lui faire écrire et étudier aussi souvent et autant de chapitres que l'on veut, sans qu'il se lasse faute d'entendre, sans qu'il s'égare dans des contre-sens ; c'est qu'il a sous les yeux, d'une manière fixe et permanente, des explications que les professeurs sont souvent obligés de faire de vive voix. Or on sait combien des explications orales sur des matières avec lesquelles les élèves ne sont pas familiarisés, échappent à ceux mêmes qui sont les plus attentifs, à plus forte raison à la légèreté des enfans.

Beaucoup de grammairiens veulent rendre raison de tout. Il faut sans doute faire sentir à l'élève la force de certaines expressions, certains tours singuliers ou délicats, particuliers à une langue, et c'est l'objet de mes notes. Mais il y a beaucoup de locutions pour lesquelles il est plus aisé d'établir le fait, que de vouloir l'expliquer, telles qu'un grand nombre d'ellipses. Par exemple, Dumarsais explique l'expression *habitat Lutetiæ*, en sous-entendant *in urbe*. Mais cette explication est une contradiction formelle avec la règle de *Urbs Roma*. Et pourquoi d'ailleurs ne met-on pas également le génitif quand le nom de la ville est au pluriel, ou de la troisième déclinaison? Il en est de même des préposstions qu'il suppose sous-entendues : ces suppositions sont très souvent forcées; et fussent-elles fondées, elles fatiguent inutilement la mémoire des élèves. Ils entendent et retiennent très facilement les règles de *l'ablatif absolu*, du *que retranché*, etc., quand on les leur explique bien.

Ce que je donne aujourd'hui, est le fruit de plus de vingt années d'expériences et de tâtonnemens. J'ai essayé successivement de toutes les méthodes. Mettre l'élève à la traduction dès le début, c'est le dégoûter par la difficulté, et lui faire perdre son temps. L'explication préalable par le maître, tout en aidant l'élève, n'en a pas moins une grande partie des inconvéniens de la première méthode. La mémoire du commençant ne peut retenir les explications du maître, et il traduit d'après l'idée générale qu'il a conservée du sens de la phrase, d'une manière vague, et en *devinant*, habitude funeste, qui peut avoir la plus mauvaise influence sur le reste de ses études. D'habiles maîtres

ont dit de bonnes choses en faveur de la traduction interlinéaire, et je n'hésiterais pas à la
préférer si je n'avais à choisir qu'entre ce parti,
et celui de ne donner aucun secours. Mais elle
a deux inconvéniens graves : le premier, comme
je l'ai dit, de rendre l'élève paresseux, parce
qu'il n'a rien du tout à chercher ; et le second,
quand on ne remet pas les mots latins dans
l'ordre de la construction française, de leur
offrir un français inintelligible et rebutant,
comme on peut s'en convaincre par certaines
traductions qui ont été publiées d'après cet
absurde système. J'ai longtemps évité le der-
nier inconvénient, en donnant à mes élèves
des traductions avec le latin et le français, mot
à mot, et dans l'ordre de notre construction ;
j'ai même dans ce cours, une petite partie du
de Viris qui est traduite ainsi. Mais j'ai renoncé
à cette méthode, parce qu'elle a toujours le
premier inconvénient, celui de n'assujétir l'é-
lève à aucun travail. Enfin l'expérience m'a
démontré qu'une traduction, d'abord rigoureusement littérale, et qui l'est moins à mesure
que l'élève avance, réunit l'avantage de ces différentes méthodes, et n'en a pas les inconvéniens. Elle leur présente un français, si non
toujours pur, du moins toujours intelligible ;
elle fixe, par le moyen de l'impression, une

explication qui est fugitive quand elle n'est donnée que de vive voix; elle oblige l'élève à un travail utile et qui ne le fatigue pas. Que le maître, en outre, exige chaque jour l'analyse grammaticale de quelques phrases latines; qu'il interroge l'élève sur les différentes règles expliquées, et sur les fréquens renvois indiqués dans la traduction des quatre auteurs; qu'il lui fasse apprendre les formules, les règles et les mots; qu'il les lui fasse raisonner : je réponds que les progrès seront prompts et solides. Depuis longtemps que je me suis fixé à cette méthode, j'en ai éprouvé les plus heureux effets. Je n'ai pas eu un seul élève qui ait renoncé au latin par dégoût, comme il arrive souvent par l'ancienne méthode. J'en puis montrer qui ont fait, et qui font des progrès très rapides, qui peuvent expliquer à livre ouvert les auteurs qu'ils ont déjà vus, rendre compte des règles et des idiotismes. Ceux mêmes qui travaillent mollement, savent ce qu'ils ne sauraient pas certainement par la méthode ordinaire. Car c'est un fait trop avéré, que beaucoup d'écoliers font le tour des classes dans les colléges, sans savoir ni latin ni français.

Toutes les méthodes ont du bon, et toute méthode exclusive est mauvaise. On peut faire marcher concurremment avec la mienne, celles

qui ont pour but d'apprendre aux élèves beaucoup de mots, les étymologies, etc., etc. Je
ne me borne pas à exercer mes élèves avec des
traductions. Je leur donne, aussitôt qu'ils sont
un peu avancés sur l'*épitome*, des phrases latines à traduire d'eux-mêmes, dont ils font
l'analyse grammaticale. Ces petites versions, au
nombre de 360, sont disposées de manière que
l'élève passe en revue toutes les espèces de mots,
réguliers et irréguliers, dans l'ordre où le rudiment les lui présente.

Je l'exerce ensuite sur de petits thêmes,
d'abord dans ma *syntaxe simplifiée*. Ce sont
des phrases rédigées à la suite des règles prin-
cipales, nécessaires pour lui donner une première idée de la syntaxe générale de la langue
latine. Après ces phrases, il entreprend 300
thêmes calqués sur toutes les règles de syntaxe
et de méthode, dans l'ordre du rudiment. Il
y en a beaucoup plus, comme il convient à
l'inexpérience du commençant, sur les premières règles que sur les dernières. Chaque
série de thêmes est précédée de sommaires qui
expliquent à l'élève la règle sur laquelle il va
s'exercer, ou lui indiquent les explications
qu'il doit consulter. Un autre avantage qui
distingue ces thêmes de ceux qui ont été faits
dans le même but, c'est qu'ils sont semés de

notes et de renvois fréquens, qui exercent le jugement de l'élève, et font qu'il ne travaille pas avec une aveugle routine.

On a fait de fortes objections contre les thêmes, mais c'est contre l'abus, et contre la trop grande précipitation à cet égard. En effet ils sont doublement utiles : 1°. C'est le meilleur moyen que l'élève puisse avoir pour apprendre ses règles, par l'application qu'il est obligé d'en faire dans ses traductions. 2°. Ils forment son jugement, quand on l'accoutume à examiner dans quel sens un mot français est pris, avant de le traduire en latin.

L'élève étant à la fin de ses quatre auteurs élémentaires et de ses thêmes, a déjà étudié deux fois, et, ce qui vaut mieux, appris à appliquer ses règles. Je lui en fais faire une troisième revue plus rapide, par l'analyse du second degré. Cette analyse se fait au moyen de phrases latines qu'il traduit; puis il explique dans ces phrases, non plus chaque mot séparément, mais le rapport des mots entr'eux, en citant la règle qui fixe ces rapports, et la formule de cette règle. Si l'on ajoute à ces différens moyens, l'attention de faire répondre l'élève sur les renvois nombreux qui sont dans la traduction des quatre auteurs, et de lui faire apprendre, soit le rudiment, soit les

notes et formules, plus abrégées, que j'ai répan-
dues dans le cours latin, on conviendra qu'à
moins de lui supposer une incapacité absolue,
il ne peut arriver à la fin de ce cours sans con-
naître : 1°. beaucoup de mots latins; 2°. leur
liaison entr'eux; 3°. les règles et les formules
qui rappellent cette liaison, triple objet qui
remplit entièrement le but de la première
étude d'une langue.

Après les petites versions que présentent
mes deux degrés d'analyse, j'en donne d'autres
plus étendues, telles que celles de l'abbé Paul,
de M. Porion, le Robinson latin, des extraits
d'Eutrope, l'*Epitome historiæ græcæ*, etc., etc.,
et je ne cesse de faire marcher concurremment
la double méthode des traductions avec et sans
secours. Ainsi l'élève, voyant les quatre pre-
miers auteurs avec autant d'aisance que de ra-
pidité, s'exerce en même temps à traduire de
lui-même; et les deux méthodes se balançant
et se fortifiant l'une l'autre, ne lui présentent
que des avantages sans les inconvéniens que
chacune aurait si elle était exclusive. Un jeune
homme laborieux et intelligent peut, au moyen
de cette marche, arriver en quatrième au bout
d'un an, et un enfant en deux années. Il peut
alors être mis au *Selecfæ è profanis*, à Ovide,
etc.; il est sorti des élémens; il est arrivé au

point où l'étude ne lui présentera plus que des fleurs.

Mais pour que ces progrès soient aussi sûrs que rapides, il faut, comme je l'ai dit, qu'il sache l'analyse française du premier et du second degré. C'est dans cette vue que j'ai rédigé un *cours d'analyse française*, qui facilite les élèves pour cette partie, autant que mon *cours latin* les aide pour la langue latine. Je donne ici le plan détaillé de ces deux cours.

Parties dont se compose le Cours de latinité élémentaire.

1°. *Introduction*, ou quelques idées sur la manière d'enseigner et d'apprendre la langue latine, d'après les méthodes réunies et modifiées de l'ancienne et de la nouvelle Université, de Dumarsais, de Luneau-de-Boisgermain, etc., avec le plan de ce cours de latinité, et celui d'analyse française. prix 5o c.

2°. *Traduction littérale de l'Epitome historiæ sacræ*, avec des notes et des numéro de renvoi pour l'application des règles de la syntaxe latine, et l'explication des idiotismes latins. 75 c.

3°. *Traduction semblable de l'Appendix de Diis.* 75 c.

4°. *Traduction semblable du De Viris illustribus.* 1 f. 25 c.

5°. *Traduction semblable des Fables de Phèdre.* 6o c.

6°. *Syntaxe latine simplifiée*, avec de petites phrases françaises, pour être mises en latin par l'élève. 75 c.

7°. *Thèmes gradués*, au nombre de trois cents, sur toutes les règles de syntaxe et de méthode, avec des sommaires explicatifs en tête de chaque série de thèmes, des numéro de renvoi, et des notes propres à diriger l'élève, et à lui faire sentir par le raisonnement, la syntaxe et la différence des deux langues. 1 f. 5o c.

8°. *Phrases latines graduées* (premier degré), présentant de petites versions, et des sujets d'analyse grammaticale sur toutes les espèces de mots, réguliers et irréguliers, dans l'ordre du rudiment. 50 c.

9°. *Phrases latines* du second degré, présentant de petites versions, et des sujets d'analyse sur toutes les règles de la syntaxe. 50 c.

Chacune de ces neuf parties peut s'acheter séparément. Réunies en 2 fort vol. cartonnés, 7 f.

Parties dont se compose le cours de langue française par différens degrés d'analyse.

1°. *Première étude de la grammaire française*, contenant les premières notions auxquelles il est bon de s'en tenir quand on commence. 60 c.

2°. *Traité complet des verbes français*, contenant les différentes espèces de verbes dans un ordre méthodique, avec de très nombreux exemples pour exercer les élèves; la syntaxe et l'orthographe des verbes; la concordance des modes et des temps; les règles pour l'emploi du subjonctif, etc. 75 c.

2°. *Principaux homonymes de la langue française*, bons à faire copier et apprendre aux élèves. 60 c.

4°. *Phrases graduées* (premier degré), pour l'analyse grammaticale, ou celle de chaque mot séparément, avec des explications qui deviennent plus rares à mesure que l'élève avance. Le texte des phrases et l'explication, 1 f. 25 c.

5°. *Phrases graduées* (second degré) pour l'analyse du rapport des mots entr'eux, contenant les règles, avec plus de 600 phrases d'exercice, sur toutes les difficultés que présentent les participes. 1 f.

6°. *Analyse du troisième degré*, contenant l'examen des rapports grammaticaux et logiques des phrases entr'elles, et l'application des principes de cette analyse à la ponctuation avec des exercices pratiques. 1 fr. 25 c.

7°. *Introduction à la Rhétorique*, servant de matière d'analyse au troisième degré, et contenant les plus beaux morceaux d'éloquence, avec des remarques sur les beautés du style dans différens genres. 2 fr. 50 c.

Chacune de ces parties se vend séparément. Réunies en deux fort vol. excepté la première, 7 fr.

Incessamment *Cacographie méthodique*

www.ingramcontent.com/pod-product-compliance
Lightning Source LLC
Chambersburg PA
CBHW070755280326
41934CB00011B/2936